David Desharnais
dans la cour des grands

Texte de Cristophe Bélair
Illustrations de Fleg

[CORNAC]

5, rue Sainte-Ursule
Québec (Québec) G1R 4C7
info@editionscornac.com

Illustrations: Fleg
Infographie: Paul Brunet
Révision: Patricia Juste Amédée
Correction: Érika Fixot
Impression: Imprimerie HLN inc.

Distribution:
Prologue
1650, boul. Lionel-Bertrand
Boisbriand (Québec) J7H 1N7
Téléphone: 450 434-0306
                    1 800 363-2864
Télécopieur: 450 434-2627
                    1 800 361-8088

Distribution en Europe:
D.N.M. (Distribution
du Nouveau Monde)
30, rue Gay-Lussac
F-Paris, France
Téléphone: 01 43 54 50 24
Télécopieur: 01 43 54 39 15
www.librairieduquebec.fr

Les éditions Cornac bénéficient du soutien financier du gouvernement du Québec — Programme de crédit d'impôt pour l'édition de livres — Gestion SODEC et sont inscrites au Programme de subvention globale du Conseil des Arts du Canada.
Nous reconnaissons l'aide financière du gouvernement du Canada par l'entremise du Fonds du livre du Canada (FLC) pour nos activités d'édition.

Société de développement des entreprises culturelles
Québec

Conseil des Arts   Canada Council
du Canada   for the Arts

Bibliothèque et Archives nationales du Québec
Bibliothèque nationale du Canada
ISBN: 978-2-89529-296-8
          978-2-89529-297-5 (ePub)

David Desharnais

dans la cour des grands

Du même auteur

- Yoyoman, *Le commencement, tome 1,* Québec, Cornac, 2012, 136 p.
- *Yoyoman, Le mont Blizzard, tome 2,* Québec, Cornac, 2012, 128 p.
- *Yoyoman, Le camp Virevolte, tome 3,* Québec, Cornac, 2013, 120 p.
- *Yoyoman, Double jeu, tome 4,* Québec, Cornac, 2013, 144 p.
- *Yoyoman, Les Trouble-Fêtes, tome 5,* Québec, Cornac, 2012, 136 p.
- *Yoyoman, La Coupe Adrénaline, tome 6,* Québec, Cornac, 2012, 128 p.

Aux joueurs de mon équipe Atome CC
(1985-1986)

Chapitre 1

La patinoire de la famille Desharnais

La tempête avait laissé ses traces un peu partout sur Laurier-Station. Il était tombé plus de neige que prévu. Mais rien n'aurait pu décourager M. Desharnais. Le père de famille, fier, s'affairait à nettoyer **la patinoire familiale**. « Elle doit être parfaite. La journée sera parfaite pour **jouer au hockey**. » David, le cadet de la famille, s'était levé tôt. Le vrombissement* de la souffleuse l'avait réveillé. Le garçon regardait son père avec émerveillement. Le blizzard que celui-ci soulevait dans la cour arrière était ahurissant. Bientôt, la patinoire que M. Desharnais avait créée pour ses enfants ne serait plus prisonnière de toute cette neige. David mangeait le déjeuner que sa mère lui avait préparé, impatient d'enfiler ses patins. Son grand frère viendrait le retrouver un peu plus tard. Le ventre plein, coiffé de sa tuque des Canadiens, chaussé de ses patins, muni de son bâton, David sortit de la maison, prêt pour jouer des heures et des heures. Lorsqu'il se lança sur la patinoire, son père fit taire le moteur de la souffleuse.

— Merci, papa. **La glace est parfaite**, dit David, reconnaissant.

— Ne t'épuise pas trop, fiston. Demain, c'est une grande partie. Vous jouerez contre les Huskies. Vous risquez de les rencontrer au tournoi de Saint-Agapit. Ils sont costauds, ceux-là.

Le fameux tournoi de Saint-Agapit ! David en rêvait depuis des semaines. Jean-Pierre Lamontagne, l'entraîneur de l'équipe pour laquelle il jouait, en parlait avec passion. L'homme était parvenu à unir tous ses joueurs. « Nous avons l'équipe pour y arriver. **Je crois en vous, les gars**. »

David patinait, contrôlait la rondelle et lançait au filet, s'imaginant en train de marquer le but gagnant du tournoi. Ses parents, bien au chaud, par la fenêtre du salon, le regardaient, admiratifs.

Au milieu de la matinée, son frère Stéphane arriva, les yeux encore bouffis par le sommeil.

— Enfin! lança David.

— Plusieurs de mes amis viendront jouer. J'espère que tu es en forme, car ils ne seront pas indulgents avec toi.

— Ils ne me font pas peur, tu le sais, rétorqua David. Viens m'aider à gagner mes mises en jeu.

Stéphane, patient, aimait donner **des conseils** à son petit frère. Celui-ci les écoutait avec la plus grande attention. «David, il faut que tu puisses lever la rondelle. Les gardiens se jettent par terre. Si tu arrives à lancer dans le haut du filet, ton nom s'inscrira plus souvent sur la feuille **des buteurs**.» Les deux frères s'exercèrent pendant un bon moment avant que les premiers joueurs arrivent.

Quand ils furent une dizaine, ils formèrent les équipes. Avant de commencer la partie, Alain Patry, **un joueur de centre** assez talentueux, mais peut-être un peu trop suffisant, fit quelques commentaires désobligeants* en désignant le cadet **des frères Desharnais.**

— David, pourquoi ne vas-tu pas tenir compagnie à ta sœur? Tu risques de te blesser à jouer avec des gars comme nous. Tu es trop petit. Le hockey, ce n'est pas pour toi. Tous les spécialistes de notre discipline le disent. Pour jouer à ce sport, il faut un **gros gabarit**. Manifestement, ce n'est pas ton cas. Allez, fais-moi plaisir, va rejoindre Mélanie.

David écouta les propos d'Alain sans broncher. Ce n'était pas la première fois qu'il entendait de **telles idioties.** Au début, ces phrases méchantes le blessaient. Mais il avait appris à composer avec. Ses parents, compréhensifs, aimants, lui donnaient fréquemment de bonnes leçons de vie. « David, sois plus fort qu'eux. **Nous croyons en toi.** Tu as tout pour réussir. Malheureusement, il y aura toujours des gens qui tenteront d'ébranler ta confiance. Ils essaieront de te faire douter. Ne les écoute pas. **Tu es un champion.** » Aujourd'hui, les sarcasmes n'avaient plus le même effet sur lui. Au lieu de l'affaiblir, **ils le rendaient plus fort.**

— Alain, si tu te concentrais **davantage** à jouer au hockey qu'à ouvrir la bouche, peut-être que tu arriverais à **faire gagner ton équipe.** N'êtes-vous pas en

dernière position ? lança David, un brin moqueur.

La réplique de David fit **pouffer** Stéphane. « De mieux en mieux, le petit. Il ne s'en laisse pas imposer. » Les nouveaux joueurs s'échauffèrent quelques minutes, puis se mirent en position pour **la mise au jeu**. David, dont la position préférée était celle du centre, se plaça devant Alain Patry. Ce dernier, encore irrité par sa boutade, le fusilla du regard.

— Je n'ai pas aimé ce que tu m'as dit. Desharnais, je ne te ménagerai pas. **Bienvenue dans la cour des grands.**

David ignora les menaces de son adversaire. Il se pencha vers l'avant, plaqua son bâton contre la glace et fixa la rondelle dans la main de Sébastien Plante, celui qui jouait le rôle de l'arbitre pour la mise au jeu. Le petit Desharnais se remémorait ce que son frère lui avait enseigné. Quand la rondelle toucha la glace, rapide, **il s'en empara.** Il parvint à déjouer Alain, puis il fonça directement dans la zone adverse, sous le regard stupéfait de ses adversaires. Les défenseurs se ruèrent sur lui, mais David les esquiva par une adroite manœuvre. Ses mains bougeaient très vite. Lorsqu'il fut à deux mètres du gardien, il fit une feinte remarquable. Piégé, celui-ci s'agenouilla. **Le haut du filet appartenait maintenant**

à David. Habile, d'un bon coup de poignet, le garçon lança la rondelle dans les airs. La rondelle frappa la barre horizontale. **Ping!** Ensuite, comme par magie, elle vint terminer sa course dans le fond du filet. David Desharnais venait de marquer **son premier but** de la journée. En quelques secondes seulement. Ses coéquipiers, stupéfaits, s'approchèrent de lui pour le féliciter. « Si on veut te suivre, on a besoin de patiner. **Ton message était clair.** » Curieusement, ce jour-là, Alain Patry n'embêta plus David. Il avait compris que le petit Desharnais était un adversaire de taille.

Chapitre 2

Le goût amer de la défaite

Le lendemain matin, David ne sauta pas sur la patinoire. Enfoui sous ses couvertures, il dormait paisiblement. La veille, il s'était couché plus tard que d'habitude. Après avoir joué avec son frère et sa sœur dans le sous-sol de la maison, il avait regardé le hockey. La partie avait été enlevante. **Les Canadiens de Montréal,** son équipe favorite, avaient affronté les Penguins de Pittsburgh. Encore une fois, David avait été ébloui par les prouesses de Mario

Lemieux, le joueur le plus talentueux de la Ligue nationale, selon lui. Surnommé « le Magnifique », le brillant attaquant parvenait à créer l'invraisemblable. Après la partie, juste un peu avant d'aller au lit, David avait dit à son père : « **Quelle belle soirée !** Je ne pouvais pas demander mieux. Les Canadiens l'emportent. Et Mario marque deux buts. Une partie parfaite ! »

Ce matin-là, le garçon se réveilla vers dix heures. Ses parents s'affairaient à ranger la maison. Aujourd'hui, leurs deux fils jouaient au hockey à l'aréna de Saint-Agapit. Ils savaient donc qu'ils passeraient une bonne partie de la journée dans le petit amphithéâtre. David se sentait plus nerveux qu'à l'accoutumée. Lors du dernier entraînement, son entraîneur, Jean-Pierre Lamontagne, un homme remarquable, avait pris quelques minutes pour parler à ses joueurs de leurs futurs adversaires. « Les gars, je ne tenterai pas de vous dissimuler la vérité : ils ont jusqu'à maintenant **une fiche parfaite**. Aucune défaite. En effet, ils sont redoutables, costauds, rapides... Ce sont d'excellents joueurs. Mais nous sommes capables de les vaincre. J'ai entendu entre les branches qu'ils étaient inscrits au tournoi de Saint-Agapit. Nous aurons probablement la chance de nous mesurer à eux lors de ce grand événement. Montrons-leur déjà de quel bois on se chauffe. **Soyez en grande forme**, dimanche!»

Cette nervosité que David ressentait ne lui déplaisait pas. Déjà, il était habitué à la gérer. Elle lui donnait souvent une énergie supplémentaire.

Vers midi, toute la famille Desharnais monta dans la Dodge Caravan. Direction Saint-Agapit! En chemin, David remarqua que son père avait oublié un objet important.

— Papa, retourne à la maison! **Ta trompe de train** n'est pas dans le coffre!

— Je le sais. Elle est à mon atelier. On l'aura pour la prochaine partie. Je suis en train de lui apporter quelques modifications intéressantes. Elle sera plus bruyante que jamais!

À l'aréna, c'était la frénésie*. Le grand tournoi ne commencerait que dans une semaine. Mais, déjà, les organisateurs étaient au travail. La logistique, pour un tournoi comme celui-là, était tout de même assez impressionnante. David ressentit immédiatement cet enthousiasme contagieux. Heureux, souriant, son sac de hockey sur l'épaule, il se dirigea vers le vestiaire. Beaucoup de ses coéquipiers partageaient ce sentiment de joie, dont Audrey Larose, **la gardienne de but.** Audacieuse, la fillette s'affirmait dans un sport réservé presque exclusivement aux garçons. D'autres, par contre, semblaient plus grincheux. Au lieu de rire et de plaisanter, ils discutaient à voix basse. L'un d'eux, Nathan Lamarche, un défenseur, se fâcha, incapable de supporter les rires avant **une partie aussi importante.**

— Avez-vous fini?! Concentrez-vous sur la partie. Les gars qu'on affronte aujourd'hui pourraient facilement jouer dans le Pee-Wee. Jean-Pierre ne nous a pas tout dit. Je pense qu'il ne voulait pas nous effrayer. Moi, je suis allé aux sources. Mon cousin connaît très bien cette équipe. Son meilleur ami y joue. Et croyez-moi, on a intérêt à patiner. **Et leur gardien, c'est un vrai.**

— Que veux-tu insinuer, Nathan? demanda David en fronçant les sourcils.

— Quoi! On n'a pas un gardien, mais **une gardienne**. Normalement, une gardienne garde les enfants.

— Tu es bien stupide! rétorqua David, outré. Heureusement qu'on a Audrey pour récupérer tes erreurs. Si elle n'était pas là, ton différentiel des points serait à moins 20.

— Pour qui tu te prends, Desharnais? Ne t'attends pas à ce que je fasse des passes sur la palette.

— J'ignorais que tu en étais capable.

David avait le sens de la répartie. À ce petit jeu, il était imbattable. Les échanges cessèrent au moment où Jean-Pierre

Lamontagne entra dans le vestiaire. Tout le monde se tut instantanément. Tout de suite, l'homme sut qu'un événement était venu perturber ses joueurs.

— J'ignore la cause de votre différend*, dit-il d'un ton autoritaire, mais vous allez immédiatement cesser de vous disputer. **Nous sommes une équipe.** Ne l'oublions pas!

Les enfants s'assirent en silence, puis ils commencèrent à revêtir leur équipement. Après quelques minutes, enfin, les conversations reprirent. La tension se dissipait peu à peu. Plus tard, durant l'échauffement, après avoir fait quelques bons mouvements avec la rondelle, David s'appuya contre la bande. La sangle de **son fameux casque vert** – il était le seul à jouer avec un casque de cette couleur – s'était détachée. Il était sur le point de reprendre ses exercices quand Audrey vint le rejoindre. La gardienne, qu'on venait de mitrailler de rondelles, leva son masque.

— David, **merci d'avoir pris ma défense.** Je suis tellement tannée d'entendre ces idioties. Parfois, j'ai le goût de ranger mon équipement à tout jamais.

— Audrey, on te juge parce que tu es une fille qui joue au hockey. Moi, parce que je suis petit. On est dans le même bateau. **Tu es une bonne gardienne.** Quand tu es devant le filet, je me sens en confiance. Bonne partie!

Les paroles de David réconfortèrent Audrey. Elle ne se sentait plus seule. Elle retourna devant les filets, puis elle bloqua tous les puissants tirs que ses coéquipiers firent.

La partie débuta enfin. En effet, les Huskies étaient **excellents**. Mais David et ses amis ne s'en laissaient pas imposer. Durant des deux premières périodes, aucun point ne fut marqué. Chaque équipe avait bénéficié de plusieurs bonnes chances, mais sans succès. Les Huskies parvinrent à prendre l'avance en marquant **un magnifique but** lors d'un avantage numérique. Le lancer puissant venant de l'enclave avait échappé à Audrey. Les minutes s'écoulaient. Malgré tous les efforts qu'il déployait, David n'arrivait pas à trouver le fond du filet. Ses adversaires le talonnaient. Leur entraîneur, un homme aussi expérimenté que Jean-Pierre Lamontagne, leur avait dit qu'il fallait surveiller étroitement le jeune Desharnais. « Il est facile à reconnaître. **Il est petit, puis il porte un casque vert.** » David commençait à désespérer, conscient qu'il ne restait pas grand temps à son équipe pour marquer. Et il en avait assez d'avoir continuellement deux joueurs à ses trousses. En fin de partie, il parvint à créer un revirement. Il s'empara de la rondelle, fonça dans la zone adverse, bougea les épaules pour berner le gardien, ce qu'il réussit avec brio, puis il décocha **un foudroyant lancer.** La rondelle quitta la glace, puis elle vint frapper de plein fouet la barre horizontale. Malheureusement, aujourd'hui, elle ricocha dans le coin de la patinoire. Quelques secondes plus tard, la partie se terminait.

Furieux, David quitta la patinoire. La défaite lui brisait le cœur. Dans le vestiaire, les joueurs étaient silencieux. Les bras croisés, la mine basse, ils attendaient que leur entraîneur vienne leur parler. Contrairement à ses joueurs, Jean-Pierre affichait un grand sourire.

— J'ai aimé ce que j'ai vu, dit-il en bombant le torse. **Des guerriers!** Vous n'avez jamais abandonné. Vous avez suivi le plan que je vous avais présenté.

Les paroles de l'entraîneur mirent du baume sur les blessures de la majorité des joueurs. David écoutait ce que Jean-Pierre disait, mais il n'arrivait pas à se raisonner. Pourtant, ce qu'il entendait était sensé. Mais c'était plus fort que lui. La défaite l'enrageait. Jean-Pierre n'était pas dupe*. Il connaissait bien David. Il voyait bien que son **joueur étoile** avait du mal à digérer la défaite.

Ce jour-là, David ne se pressa pas. Il réfléchissait silencieusement. Qu'aurait-il pu faire de mieux? Il en était à délasser ses patins quand Jean-Pierre vint s'asseoir à ses côtés.

— Je le sais, que tu n'aimes pas perdre. Mais la défaite fait partie du sport. Personne n'aime perdre, je peux te l'assurer. Par contre, il faut que tu parviennes à oublier **la douleur de la défaite.** Laisse tout ça derrière toi.

Tu as joué comme un champion. As-tu eu du plaisir?

— Oui, répondit David candidement.

— Voilà! N'oublie jamais qu'il s'agit d'un jeu.

Jean-Pierre Lamontagne n'était pas un entraîneur banal. Tout de suite, au camp d'entraînement, au mois de septembre, David avait compris qu'il était tombé cette année sur un homme d'exception. **Le regard passionné** de ce nouvel l'entraîneur l'avait galvanisé*. Vraiment différent de ce que David avait vécu l'année précédente. En effet, à sa première année au niveau Atome, il avait eu droit à un accueil plutôt décevant de la part de son entraîneur. Ce dernier lui avait dit : « **David, tu es petit.** D'accord, tu as de bonnes habiletés, tu as du cœur, mais tu n'as pas vraiment tout ce qu'il faut pour être un grand joueur de hockey. Il faudrait peut-être que tu penses à un autre sport. » Ces paroles avaient complètement décontenancé David. Pourquoi ne pourrait-il pas exceller dans ce sport qu'il chérissait ? Le lendemain, David était allé revoir son entraîneur. « J'ai pensé à ce que vous m'avez dit. Vous avez raison. J'ai choisi un autre sport : le basketball. » L'homme était demeuré stupéfait. David venait de lui faire comprendre qu'il n'abandonnerait jamais. Cette année-là, il était devenu le meilleur marqueur de la ligue. Jamais plus son entraîneur n'avait fait allusion à sa petite taille. Il avait compris qu'il avait devant lui probablement **le plus grand joueur de hockey** qu'il avait eu la chance de diriger.

Chapitre 3

Les détracteurs

Lundi matin! Le gros camion de livraison de Gilbert Desharnais vrombissait. Le père de famille s'apprêtait à partir pour une longue journée de travail. David, Stéphane et Mélanie se préparaient pour l'école. Un copieux* déjeuner les attendait sur la table de la cuisine. Les deux aînés rigolaient tandis que David était plongé dans un profond mutisme. Stéphane savait très bien que son frère ruminait **sa défaite de la veille.**

— Veux-tu bien arrêter de penser à ça?! Ce n'est pas la fin du monde! **Tu te reprendras** au prochain match! Fais comme je t'ai dit. Lance dans le haut du filet.

— C'est bien ce que j'ai fait! répondit David sèchement. L'as-tu regardée, la partie?

— Calme-toi, le frère! Sinon je vais te faire avaler ton déjeuner en deux temps, trois mouvements.

— Ça suffit! ordonna Mme Desharnais. Cessez de vous disputer. Vous serez en retard à l'école.

L'école! David avait une bonne idée de ce qui l'attendait. Les autres élèves ne manqueraient pas de lui rappeler que son équipe avait perdu, que leur cote de popularité venait de chuter radicalement. Comme de fait, quand David mit les pieds dans la cour, Steve Dufresne, un garçon reconnu pour son arrogance, passa à l'attaque. Accompagné de ses bons amis, il accosta celui qu'il voulait narguer.

— Desharnais, j'étais à l'aréna hier, dit-il. En fait, tu ne m'as pas impressionné. Tout le monde dit que tu es **un joueur talentueux.** Je ne veux pas être méchant, mais je pense qu'ils charrient un peu. Du talent! Je t'ai trouvé plus divertissant que talentueux. Tu es petit, vraiment petit! Et le casque vert, c'est très drôle.

— Moi, je trouve ça pratique. C'est plus facile pour les gens lents comme toi de me suivre sur la glace, rétorqua David, narquois.

— Toujours réponse à tout! Veux-tu que je te dise le fond de ma pensée? Moi, je pense que tu es incapable de supporter la pression. Quand les enjeux deviennent trop importants, **tu t'effondres.** On jouera au hockey-balle dans le gymnase ce midi. Je vais te montrer comment on joue à ce sport.

— Tu peux être sûr que je serai là. Tu es mieux de faire attention. Si tu parles autant dans le gymnase que dans la cour, tu risques d'avaler une balle. Non, je suis sérieux. Tu as vraiment une grande bouche.

Sur ces mots, David tourna les talons. Quelques secondes plus tard, la cloche sonna. Au cours de la matinée, David ne fut pas très attentif. Heureusement, les exercices qu'il devait faire dans son cahier de grammaire n'étaient pas trop compliqués. Il avait juste hâte d'aller jouer dans le gymnase. Steve Dufresne ravalerait ses paroles. Incapable de jouer sous la pression. C'était complètement ridicule. « **Je vais lui montrer ce que je sais faire.** Après cette partie, jamais plus il n'osera me critiquer. »

Ce midi-là, David mangea en vitesse, puis il se dirigea au pas de course vers le gymnase. Steve Dufresne était déjà là. Ses amis aussi. Les garçons s'échauffaient en parlant à voix haute. Lorsqu'il vit David, Steve leva les bras.

— On peut enfin commencer la partie. La **mascotte** vient d'arriver.

David n'en pouvait plus. L'arrogance de **Steve le faisait fulminer.** Pour contenir sa colère, il prit de grandes respirations, puis il s'avança vers le groupe de joueurs. Les enfants formèrent les équipes en vitesse. Steve, manipulateur, s'arrangea pour que tous ses amis soient avec lui. Quant à David, il se retrouva avec quelques bons joueurs, dont deux bons ailiers avec qui il avait joué auparavant.

David sut tout de suite que la partie serait rude. Normalement, cette activité était supervisée par M. Benoît, le professeur d'éducation physique. Mais, pour une raison que David ignorait, l'enseignant n'était pas là aujourd'hui. Mme Francine, une surveillante dont la qualité première n'était pas la vaillance au travail, le remplaçait. David savait très bien que Steve et ses amis en profiteraient pour jouer **avec rudesse.**

En effet, seulement après une minute de jeu, alors que David s'apprêtait à decocher un puissant tir sur le gardien adverse, il reçut un violent coup de bâton sur la cheville. La douleur fut si forte qu'il s'écroula par terre.

– **Je suis désolé, David,** je ne l'ai pas fait exprès, fit Steve, un sourire narquois aux lèvres.

La partie fut difficile. Steve et ses amis ne cessaient de bousculer David. On ne lui laissait aucun espace. Cela devenait frustrant pour lui. Et Mme Francine, le nez en l'air, ne voyait rien. Quelques minutes avant la fin de la partie, David parvint à se démarquer. Un de ses coéquipiers lui fit une passe d'une grande précision. Aisément, David déjoua Steve, puis il se dirigea vers le gardien. À l'instant où il allait lancer, Steve le fit volontairement trébucher. C'en était trop. Quand il se releva, furieux, David frappa son bâton contre le mur. Hélas, au même moment, M. Benoît fit son entrée dans le gymnase. Quand il vit le geste de David, **il sursauta.**

— David, viens me voir immédiatement.

Penaud, dodelinant de la tête, le jeune fautif s'avança vers son professeur.

— Monsieur Benoît, je peux tout vous expliquer. Steve et ses amis jouent comme des brutes. Je ne sais pas combien de fois ils m'ont frappé au cours de la partie. Ils m'ont fait perdre patience.

— Je n'ai pas de difficulté à te croire, David. Tu n'as pas l'habitude de m'emberlificoter. Ils ont probablement profité de mon absence pour te mettre à bout de nerfs. **Tu es talentueux.** Tu es un sportif remarquable. Malheureusement, il y a des gens qui vont toujours essayer de te faire douter. N'embarque pas dans leur jeu. Tu m'as bien compris?

— Oui, monsieur Benoît.

— Maintenant, le geste que tu as commis est inadmissible. Passe dans mon bureau cet après-midi. Je vais devoir te donner un billet disciplinaire. Je veux qu'il soit signé dès ce soir par tes parents.

David poussa un long soupir de désappointement, puis il hocha la tête. **Décidément, rien n'était facile.**

Chapitre 4

Le premier autographe

M. Desharnais parvint de peine et de misère à trouver une place pour garer sa camionnette. Le stationnement de l'aréna était plein de véhicules. Le **fameux tournoi** de Saint-Agapit était enfin commencé. Une immense banderole annonçant le prestigieux événement avait été accrochée sur l'édifice dans lequel les jeunes athlètes éblouiraient leurs admirateurs au cours des prochaines heures et des prochains jours. C'était génial !

David sortit en vitesse du véhi-
e, impatient d'entrer dans l'aréna.

Desharnais, aussi **fébrile** que son
fils, se frotta frénétiquement les mains.

— J'ai comme l'impression qu'on aura
beaucoup de plaisir, mon garçon. Allez!
Tes coéquipiers t'attendent.

David s'empressa de prendre son sac
de hockey.

— Papa, il y a **un deuxième
sac** dans le coffre, fit David, les yeux en
point d'interrogation.

— Celui-là, c'est le mien, répondit
M. Desharnais en prenant le fameux sac
dans ses bras.

Au même moment, Audrey et Jacques
Larose, qui se dirigeaient vers l'entrée de

l'aréna, passèrent devant les Desharnais. Quand il vit le sac de Gilbert Desharnais, le père de la jeune gardienne fit une moue* interrogative.

— Gilbert, as-tu décidé de jouer sur le même trio que ton fils? demanda-t-il sur un ton enjoué. Si c'est le cas, j'espère que tes patins sont bien affûtés. Je ne connais pas beaucoup d'hommes de notre âge qui seraient capables de suivre **notre petite comète.**

— Mon cher Jacques, ce que j'ai dans mon sac, **c'est notre sixième attaquant,** répondit M. Desharnais en faisant un clin d'œil à son ami. Cette année, on ne passera pas inaperçus sur la glace et dans les estrades. Crois-moi!

En effet, Gilbert Desharnais réservait une **tonitruante*** **surprise** aux supporters de l'équipe de son fils, les Élites de Lotbinière. Enfin, quelques minutes plus tard, les Desharnais et les Larose étaient dans l'aréna. David était sous le **choc**. Il y avait du monde partout. Tous les sièges étaient occupés. Il était si excité que son cœur se mit à battre la chamade. Jamais il n'avait vu autant de spectateurs dans un aréna. Il y avait même un journaliste. Accompagné d'un photographe, le jeune homme posait des questions aux amateurs de hockey. Toute cette agitation autour de l'événement sportif stimula David. Il avait hâte de chausser ses patins.

— Bonne partie, les enfants, firent les deux pères. Amusez-vous! Profitez-en!

Quand ils entrèrent dans le vestiaire, David et Audrey furent accueillis **chaleureusement** par leurs coéquipiers. Les enfants échangèrent quelques plaisanteries, puis ils commencèrent à s'habiller. Normalement, les blagues se poursuivaient pendant un long moment. Mais, aujourd'hui, elles cessèrent rapidement. Les joueurs étaient **plus stressés** que d'habitude. Ils voulaient être à la hauteur. Quelques minutes avant la partie, Jean-Pierre, comme toujours flegmatique*, présenta le plan de match à ses joueurs. Tous l'écoutèrent sans jamais l'interrompre.

Ensuite, il encouragea ses jeunes athlètes avec des phrases inspirantes.

— Je pourrais vous dire encore bien des jolis mots, finit par déclarer l'entraîneur. Mais il y a une chose que vous ne devez jamais oublier : tout demeure un jeu. **Amusez-vous, mes amis !**

Les joueurs hurlèrent leur cri d'équipe, puis, le torse bombé, ils sortirent du vestiaire. Lorsqu'ils mirent les pieds sur la glace, ils furent acclamés par leurs partisans. Tous tournèrent la tête en direction du père de leur joueur étoile. M. Desharnais tenait dans la main droite trois trompes de train reliées à un gros réservoir d'air comprimé. Chaque fois qu'il actionnait son instrument, l'homme faisait trembler l'aréna ou presque. **Le sixième attaquant!**

La partie ne débuta pas comme David l'avait espéré. Le jeu n'était pas fluide. À cause de la nervosité, les joueurs commettaient des erreurs de routine. Les jeux qu'ils réussissaient aisément en temps normal devenaient soudain ardus. David ne se reconnaissait plus. Il essayait de se calmer, mais il n'y arrivait pas. Pendant la pause entre la première et la deuxième période, alors que tout le monde ruminait, Audrey se leva, décidée à secouer un peu ses coéquipiers.

— Les gars, c'est simple, leur rappela-t-elle, Jean-Pierre nous l'a dit: amusons-nous!

Toute cette folie autour du tournoi ne doit pas nous paralyser. Au contraire, utilisons-la pour rendre le jeu encore **plus amusant.** Moi, je suis venue ici pour avoir du plaisir. Montrons-leur ce qu'on sait faire avec une rondelle.

La fillette se rassit, espérant avoir touché ses amis par ses paroles. Quelques minutes plus tard, Jean-Pierre entra dans le vestiaire, hochant la tête.

— Je suis désolé, mais j'ai la fâcheuse habitude d'écouter aux portes. Audrey, tu as parfaitement compris. Les amis, **je n'ai rien à ajouter.** Faites de ce tournoi un événement inoubliable

À partir de ce moment, les joueurs retrouvèrent leurs repères. David volait littéralement sur la glace. Il en **étourdissait** les joueurs adverses. Les spectateurs s'exclamaient aussitôt qu'il touchait la rondelle. Ce jour-là, son équipe l'emporta cinq à un. David récolta deux buts et trois passes et il obtint **la première étoile du match.**

Après la partie, dans le hall où les adultes et les joueurs se retrouvaient, **c'était l'euphorie.** Les parents, stupéfaits par la performance de leurs héros, s'imaginaient de grands scénarios. « S'ils continuent à jouer avec autant d'inspiration, on va repartir avec l'or, c'est sûr. » Les enfants les écoutaient parler et les trouvaient bien drôles. Soudain, un homme que personne ne connaissait entra dans le hall.

— Je m'excuse de vous déranger, lança-t-il d'une voix forte. Le petit joueur, celui qui porte **un casque vert**, serait-il ici?

David leva timidement la main. Calmement, l'homme se dirigea vers lui.

— Comme ça, c'est toi, dit-il avec un grand sourire. Mon cher garçon, j'aimerais que tu me signes un autographe. Avec le talent que tu as, on ne sait jamais, on pourrait te voir dans quelques années évoluer dans la LNH. Parmi les grands!

Un autographe! David était complètement abasourdi. L'inconnu lui tendit un carnet et un crayon.

— Vous êtes bien gentil, répondit le gamin, légèrement intimidé. En fait, je signe pour qui?

— Mon nom est **Claude Larochelle**, journaliste sportif et ancien joueur des Citadelles de Québec!

Ce jour-là, **David signa son premier autographe.** Des années plus tard, il en signerait des milliers.

Chapitre 5

L'explosion du héros

Le nom de David était sur toutes les lèvres. Le petit joueur des Élites de Lotbinière faisait un tabac. **Tout le monde admirait sa fougue*.** Habile, rapide, créatif, l'athlète émotionnait les amateurs de hockey de la région. Sur la glace, on aurait dit qu'il volait. Il marquait plusieurs buts, mais sans oublier ses coéquipiers. Intelligent, il parvenait à les alimenter. En fait, tous les joueurs de l'équipe brillaient à leur propre manière.

Lors de la troisième partie, David récolta un tour du chapeau. À la suite de cette grande performance, Bastien Laplante, le journaliste sportif de la région, écrivit un article sur le champion au casque vert. À l'école, on le regardait comme s'il était un joueur professionnel. « David est dans le journal ! Il a dit qu'il aimerait un jour jouer pour les Canadiens de Montréal. » Pour plusieurs, déjà, David devenait **une source d'inspiration.**

Quant à M. Desharnais, il s'amusait comme un fou avec les autres parents. Le sympathique père de famille ne manquait pas d'attirer l'attention. **Les bruyantes trompes** qu'il traînait maintenant toujours avec lui tonitruaient dans l'aréna. Au cours du tournoi, les organisateurs décidèrent de lui décerner **le trophée du par- tisan le plus bruyant**. Une mention pleinement méritée.

Le tournoi tirait à sa fin. En demi-finale, les joueurs de Lotbinière durent affronter ceux de Saint-Georges. En saison régulière, David avait toujours réussi à marquer contre eux. Mais rien n'était gagné. Ses amis et lui se rappelaient sans cesse ce que leur entraîneur leur disait. « Un tournoi de hockey mineur, c'est comme les séries éliminatoires dans la Ligue nationale. **Tout peut se produire.** » La partie fut loin d'être facile, mais l'équipe de Lotbinière parvint à gagner deux à un en prolongation. Grâce à leur détermination, David et ses coéquipiers avaient atteint **la finale.** Le spectacle serait grandiose. L'équipe de Lotbinière contre les Huskies. Plusieurs amateurs avaient revu leurs pronostics. Au début du tournoi, tous les « spécialistes » prédisaient **une médaille d'or** pour l'équipe des Huskies. Ceux-ci étaient les grands favoris. Mais David était venu brouiller les cartes. Au plaisir de la grande majorité. Jamais un tournoi n'avait été aussi captivant.

Ce soir-là, les parents étaient plus **loquaces*** qu'à l'accoutumée. Ils avaient tellement de plaisir entre eux qu'ils ne voulaient plus se quitter. Les enfants le comprirent assez rapidement. Puisqu'ils auraient à attendre longtemps, ils décidèrent d'aller jouer sur l'énorme montagne de neige qui se trouvait au fond du stationnement de l'aréna. Là, ils tombèrent nez à nez avec les Huskies. Ces derniers étaient faciles à reconnaître. Le logo de leur équipe était cousu sur le dos de leur manteau. Comme eux, ils avaient eu l'idée d'aller s'amuser un peu.

Tout de suite, ils reconnurent David. À force de le suivre sur la glace, ils connaissaient bien son visage. Joël Ménard, un joueur de centre dont le travail consistait à surveiller David, décida **d'importuner** celui qui lui causait des maux de tête, mais surtout de jambes.

— **C'est la petite vedette!** criat-il, narquois. Maintenant, les journalistes s'intéressent à toi. Bientôt, ta tête n'entrera plus dans ton casque vert. En passant, veux-tu bien me dire ce que tu fais avec un casque de cette couleur-là? Est-ce parce que tu transpires trop et qu'il est en train de pourrir?

Manifestement, le sarcasme de Joël Ménard plut à ses coéquipiers, car ils éclatèrent tous de rire. Joël fut toutefois un peu déçu de voir que David ne semblait **nullement atteint par son fiel.** En effet, celui-ci ne bronchait pas. Flegmatique, il regarda son rival avec **un grand sourire.**

— Sincèrement, je suis triste quand je te vois sur la patinoire. Tu ne touches jamais à la rondelle. On jurerait que le jeu va trop vite pour toi. Sois alerte demain.

J'aimerais vraiment que tu puisses savoir à quoi sert le bâton que tu as dans les mains. **Je te ferai quelques passes.** Tu vas voir. C'est vraiment agréable.

Contrairement à David, Joël se crispa. Son visage devint écarlate. Incapable de se contrôler, il fonça sur David. Mais, comme sur la patinoire, il fut incapable de le saisir. Facilement, David esquiva son agresseur. Pour éviter que les choses ne dégénèrent, Audrey, sage, s'interposa.

— Je pense qu'il serait préférable que nous évitions de nous voir ce soir, dit-elle avec assurance. Nous réglerons nos différends sur la patinoire demain. **Que les meilleurs gagnent!**

Ce petit incident vint souder davantage les liens entre les joueurs de Lotbinière. Forts, confiants, ils étaient prêts. Solidaires, ils tournèrent les talons, puis ils marchèrent vers l'aréna. Lorsqu'ils arrivèrent dans le hall, ensemble, ils crièrent à leurs parents : « Avez-vous fini de parler ? On veut aller se coucher ! **Demain, on veut toucher à l'or !** »

Chapitre 6

La finale

Le grand jour ! Les organisateurs du tournoi jubilaient*. La finale serait **extraordinaire**. Les amateurs de hockey se précipitaient à l'aréna. Tous convoitaient les meilleurs sièges. Aujourd'hui, c'était du sérieux. Bastien Laplante, n'était pas seulement accompagné d'un photographe : un caméraman avait le mandat de filmer les meilleurs moments de la journée.

Toute cette agitation autour de l'événement plaisait aux Desharnais. Pour cette dernière partie, tous les membres de la famille étaient là. Gilbert, Gaétane, Stéphane et Mélanie. Comme David, ils avaient des papillons dans le ventre.

— **Bon match, David !** Nous sommes là. Ne l'oublie pas, nous sommes tellement fiers de toi.

David ne se lassait* pas de cette tendresse. Tous ces mots empreints d'amour le gonflaient de fierté. Ce jour-là, quand il sauta sur la glace, il sentit tout de suite qu'il était le point de mire. Au cours du tournoi, il s'était fait **de nombreux admirateurs.** La partie n'était pas encore commencée que, déjà, on scandait son nom. Certains joueurs auraient pu être intimidés. Pas David. Cet appui le galvanisait.

Durant la période d'échauffement, Joël Ménard, le garçon qui avait tenté de le provoquer la veille, lui lança des regards furibonds. David, dont le niveau de confiance était à son maximum, n'était nullement impressionné. Le petit jeu de Joël Ménard le faisait plutôt sourire. Au lieu de baisser les yeux devant le grand joueur des Huskies, David riait. Joël était décontenancé. **« Il n'est pas normal, ce gars-là. »**

La partie commença enfin. Dès la première minute, on sut qu'elle serait enlevante. Les joueurs patinaient avec intensité. Le jeu était rapide. Les spectateurs, déjà, étaient sur le bout de leur siège. Les Huskies furent les premiers à marquer un but. Cependant, David ne tarda pas à égaliser le score avec un tir précis du revers. Au début de la troisième période, les Huskies reprirent les devants. Mais, encore une fois, David, aidé par ses deux ailiers, déjoua le gardien avec un foudroyant lancer frappé. **Directement entre les jambières!** Le pointage était maintenant de deux à deux. Il ne restait que deux minutes avant la fin de l'affrontement. Jean-Pierre Lamontagne envoya son meilleur joueur sur la patinoire. David, malgré la fatigue, filait sur la glace. Joël Ménard, qui jouait son rôle à la perfection, talonnait le petit joueur de centre. Pas question que David Desharnais marque un troisième but.

Les joueurs de Lotbinière parvinrent à pénétrer en zone adverse. Dans le coin de la patinoire, plusieurs joueurs se disputaient la rondelle. Par une manœuvre spectaculaire, David parvint à s'en emparer. Dans le feu de l'action, involontairement, Joël Ménard frappa celui qu'il surveillait de près. David fut projeté sur la bande, tomba, puis perdit la rondelle. Même si le geste était involontaire, normalement, **Joël aurait dû être puni.** Mais l'arbitre en chef préféra ignorer l'infraction. Les partisans de Lotbinière manifestèrent bruyamment leur indignation. Toutefois, lorsqu'ils constatèrent que David ne se relevait pas, ils se turent. Soudain, un silence de plomb tomba dans l'aréna. **Le garçon ne bougeait plus.** Tous retenaient leur souffle. Le coup de sifflet de l'arbitre stoppa momentanément la partie. Quand David se remit sur ses deux jambes, tous poussèrent des soupirs de soulagement. Fatigué, le garçon se dirigea vers le banc des joueurs, applaudi par les amateurs. La partie reprit quelques instants plus tard. Pour Jean-Pierre, cela ne faisait aucun doute : cette partie se terminerait en prolongation. Pour donner à son joueur de centre la chance de se reposer un peu, il le garda tout près de lui

Le prochain but mettrait un terme à la partie. Les spectateurs étaient tous debout. M. Desharnais brandissait ses **trompes de train tonitruantes.** David commençait à ressentir les effets de la fatigue. Ses jambes étaient plus lourdes. Il s'épuisait plus rapidement. Il ne fallait pas trop lambiner. Il avait l'impression que si la prolongation s'éternisait, il ne trouverait plus l'énergie nécessaire pour aider son équipe.

David donnait tout ce qu'il avait. Chaque fois qu'il revenait au banc, ses coéquipiers l'encourageaient. Il restait à peu près deux minutes à la prolongation quand son entraîneur lui mit la main sur l'épaule.

— David, tu es tellement beau à voir. As-tu eu le temps de reprendre ton souffle?

— Oui, coach!

— Va terminer le travail! Vas-y!

David sauta sur la glace, galvanisé. Son ailier droit le repéra aussitôt et lui fit une passe parfaite. David saisit la rondelle, puis il fila **comme une comète** dans la zone des Huskies. Lorsqu'il fut devant le gardien, il pensa une fraction de seconde à son frère Stéphane. «Vise le haut du filet.» Le tir du poignet qu'il décocha ce jour-là stupéfia tout le monde. Le gardien tendit son bouclier, mais trop tard. La lumière rouge s'alluma. David venait de marquer **son troisième but de la partie.** Heureux, il leva les bras. Ses coéquipiers se précipitèrent sur lui. Victoire ! Dans les gradins, c'était l'euphorie chez les partisans de l'équipe de Lotbinière. Stéphane était si content qu'il lança sa tuque sur la patinoire. Sa mère, étonnée, lui fit les gros yeux.

— Pourquoi as-tu fait ça?

— **David vient de marquer un tour du chapeau!**

— Tu as bien raison, mon fils!

Tout à coup, une pluie de tuques, de chapeaux et de casquettes déferla sur la glace. C'était un spectacle renversant. Plus tard, les joueurs soulevèrent **la coupe des champions.** Cette dernière, pour eux, était aussi prestigieuse que la coupe Stanley.

Ce jour-là, les parents attendirent longtemps dans le hall de l'aréna. Les enfants ne voulaient plus se quitter. Ce qu'ils vivaient était trop **enivrant**. Lorsqu'ils arrivèrent enfin dans l'entrée, ils furent **applaudis**. Les parents, émus, les regardaient avec fierté.

Les Desharnais étaient sur le point de partir quand, soudain, ils furent accostés par un homme au visage sérieux.

— Bonjour, je m'appelle Claude Ricard. Je suis responsable du programme élite AAA. David est un joueur d'exception. **J'aimerais bien qu'il soit des nôtres cet été.**

— C'est très gentil, monsieur Ricard, répondit Gilbert. David, qu'en penses-tu?

— C'est sûr que ça pourrait être une belle expérience. Mais, cet été, je jouerai au **baseball**. Je pense que c'est important de pratiquer d'autres sports.

— Tu n'as pas tort, rétorqua M. Ricard. Mais si tu changes d'avis, tu peux être sûr qu'on t'accueillera à bras ouverts.

Flatté, David remercia le recruteur, puis lui serra la main. Lorsqu'il voulut soulever son sac, Stéphane lui saisit le bras.

— Aujourd'hui, je porte ton sac. Profites-en, je ne serai pas toujours aussi serviable.

Les Desharnais retournèrent à la maison, le cœur léger. Dès le lendemain, la vie reprit son cours. Le vrombissement du camion de M. Desharnais joua son rôle de réveille-matin. À l'école, on souligna **la persévérance** du talentueux joueur de hockey. David réalisait à quel point ce tournoi lui avait permis de dévoiler toutes ses forces.

À la maison, le soir, avant de regarder les Canadiens, David, Stéphane et Mélanie jouaient au hockey dans le sous-sol. Les murs étaient constellés de trous. M. et Mme Desharnais prenaient plaisir à regarder leurs enfants s'amuser ensemble. En riant, ils se disaient : « Un jour, on aura peut-être un sous-sol comme dans les revues de décoration. »

La patinoire dans la cour de la famille Desharnais était toujours aussi populaire. Au mois de mars, l'entretien de la glace devenait plus compliqué. Gilbert était un expert, mais il ne pouvait pas faire de miracles.

— Les gars, profitez-en ! Bientôt, ce sera terminé. À ce temps-ci de l'année, le soleil est fort.

Pour clôturer la belle saison, Stéphane et David invitèrent plusieurs de leurs amis. Lorsque tout le monde fut rassemblé, l'aîné proposa de former les équipes au hasard.

— Déposons nos bâtons au centre de la patinoire. Je fermerai les yeux, puis je formerai deux lots de bâtons.

Alain Patry, un ami de Stéphane, celui qui avait nargué David un peu plus tôt cet hiver-là, leva la main.

— Je ne suis pas d'accord. Aujourd'hui, je veux jouer avec David.

En fait, tout le monde voulait jouer avec **le futur joueur de la Ligue nationale.**

Remerciements

Quel projet! Je tiens à remercier mon éditeur Michel Brûlé. Quelle idée extraordinaire! Merci à Patricia Juste Amédée. La rigueur et l'efficacité. Merci à Paul Brunet. La créativité et l'assiduité. Merci à David Desharnais. L'inspiration et le courage. Merci à André Ruel. La disponibilité et la sensibilité. Merci à mon père. L'amour du hockey et le sens de l'humour.

Lexique

Vrombissement
Bruit émis par un moteur qui tourne

Désobligeant
Blessant, déplaisant

Frénésie
Excitation, enthousiasme

Différend
Conflit

Dupe

Naïf

Galvaniser

Enthousiasmer, enflammer

Copieux

Abondant, généreux

Moue

Grimace

Tonitruant

Qui fait un bruit de tonnerre

Flegmatique

Calme, imperturbable

Fougue
Ardeur énergie

Loquace
Qui parle beaucoup

Jubiler
Se réjouir

Lasser
Ennuyer, fatiguer

LIRE ET RÉFLÉCHIR
QUESTIONS ET EXERCICES PÉDAGOGIQUES

David est un bon garçon. Il se passionne pour le hockey. Petit, rapide, vaillant, il ne laisse personne indifférent quand il est sur la glace. C'est un joueur talentueux. Mais, malgré cela, il doit subir les railleries des autres. Souvent, on lui rappelle sa petite taille. Tranquillement, grâce à l'appui de ses parents, de son frère et de sa sœur, de ses coéquipiers et de son entraîneur, David acquiert les outils nécessaires pour se protéger de ses détracteurs. La persévérance dont il fait preuve dans son quotidien le mènera bien loin.

Objectifs pédagogiques

- Montrer qu'il est important de persévérer pour réussir dans nos actions.
- Sensibiliser au respect de la différence.
- Montrer que les adultes signifiants ont une influence importante sur le développement des enfants.

Étude du texte

1. Quel conseil Stéphane donne-t-il à David pour déjouer les gardiens?

Stéphane dit à son frère de lancer la rondelle dans le haut du filet, car les gardiens se jettent souvent par terre.

2. Pourquoi David se porte-t-il à la défense d'Audrey Larose?

Beaucoup de joueurs jugent Audrey parce qu'elle est une fille qui joue au hockey. D'une certaine façon, David s'identifie à la gardienne de son équipe. On la juge parce qu'elle est une fille, lui parce qu'il est petit.

3. Quelle surprise Gilbert Desharnais réserve-t-il aux partisans de l'équipe de son fils?

M. Desharnais possède une trompe de train très bruyante. Cette dernière est reliée à un gros réservoir d'air comprimé. Chaque fois qu'il actionne son instrument, l'homme fait trembler l'aréna, ou presque.

4. Quelle demande inusitée un étranger fait-il à David après le premier match du tournoi?

Impressionné par le talent et la combativité de David, l'homme lui demande un autographe.

5. Pour quelle équipe professionnelle David rêve-t-il de jouer?

Bien sûr, David souhaiterait un jour pouvoir jouer pour les Canadiens de Montréal.

6. Quelle réaction spontanée ont les spectateurs lorsque David marque son troisième but de la partie en finale du tournoi?

Pour manifester leur joie, les spectateurs se décoiffent. Chapeaux, tuques et casquettes sont lancés sur la patinoire.

Activités proposées

- Dessine-toi dans un moment où tu as fait preuve de persévérance.
- Imagine que tu es un adulte. Que pourrais-tu faire pour encourager des jeunes à réaliser leurs rêves?
- Quelle activité pourrais-tu organiser pour sensibiliser les élèves de ton école à la tolérance?

Biographie de David Desharnais

David Desharnais est né le 14 septembre 1986 à Laurier-Station, au Québec. À l'âge de trois ans, il commence à jouer au hockey. Tous les hivers, son père, Gilbert Desharnais, fait une patinoire dans la cour arrière. C'est sur cette patinoire que David pratique son sport préféré avec Stéphane, son frère. Rapidement, David devient un joueur très talentueux. Mais, en raison de sa petite taille, il devra surmonter plusieurs embûches. Grâce à sa ténacité, il réalisera son plus grand rêve : jouer dans la Ligue nationale.